글 김성은 이화여자대학교에서 교육학을 전공하고, 어린이책 기획과 글 쓰는 일을 하고 있습니다.
아이들의 눈높이로 세상을 보며 "왜 그럴까?", "뭐지?" 하는 궁금증을 하나하나 풀어 가는
지식 그림책 만들기를 좋아합니다. 지은 책으로 〈까치와 소담이의 수수께끼 놀이〉
〈치과에 사는 괴물〉〈작은 배가 동동동〉〈자꾸 샘이 나〉〈생일은 일 년에 딱 한 번!〉 등이 있습니다.

그림 이경석 경주에서 태어나 대학에서 회화를, 대학원에서는 일러스트레이션을 전공했습니다.
어렸을 때 궁금한 것이 생기면 책을 보며 꼭 알아내고는 하던 기억을 떠올리며,
친구들도 알쏭달쏭한 것을 재미있게 알아냈으면 하는 마음을 담아 그림을 그렸습니다.
그린 책으로 〈놀이는 참 대단해〉〈까치 설날은 보물 찾는 날〉〈할머니의 힘〉 등이 있습니다.

감수 박대범 상명대학교에서 국어교육을 전공하고, 같은 대학에서 석사 학위를 받았습니다.
동국대학교에서 국어학 박사 과정을 수료했으며,
지금은 동국대학교와 한국기술교육대학교에서 학생들에게 강의를 하고 있습니다.
함께 쓴 책으로 〈한글나들이〉가 있습니다.

우리말 표현력 사전1
도대체 뭐라고 말하지? : 우리말의 숫자와 시간

글 김성은 그림 이경석 감수 박대범

초판 1쇄 펴낸날 2013년 5월 15일 | **초판 15쇄 펴낸날** 2023년 11월 3일
편집장 한해숙 | **기획편집** 신경아 | **디자인** 최성수, 이이환 | **마케팅** 박영준, 한지훈 | **홍보** 정보영, 박소현 | **경영지원** 김효순
펴낸이 조은희 | **펴낸곳** ㈜한솔수북 | **출판등록** 제2013-000276호 | **주소** 03996 서울시 마포구 월드컵로 96 영훈빌딩 5층
전화 02-2001-5818(편집), 02-2001-5828(영업) | **전송** 0303-3440-0108
전자우편 isoobook@eduhansol.co.kr | **블로그** blog.naver.com/hsoobook | **인스타그램** soobook2 | **페이스북** soobook2
ISBN 979-11-7028-382-9 73710 **ISBN** 978-89-535-8825-7 74710(세트)

도대체 뭐라고 말하지? ⓒ 2013 김성은, 이경석

※ 저작권법에 의해 보호받는 저작물이므로 저작권자의 서면 동의 없이 다른 곳에 옮겨 싣거나 베껴 쓸 수 없으며 전산장치에 저장할 수 없습니다.
※ 값은 뒤표지에 있습니다.

어린이제품안전특별법에 의한 제품 표시
품명 아동 도서 | **사용연령** 만 7세 이상 어린이 제품 | **제조국** 대한민국 | **제조자명** ㈜한솔수북 | **제조년월** 2023년 11월

 큐알 코드를 찍어서
독자 참여 신청을 하시면
선물을 보내 드립니다.

 한솔수북의 모든 책은 아이의 눈, 엄마의 마음으로 만듭니다.

우리말 표현력 사전

도대체 뭐라고 말하지?

우리말의 숫자와 시간

글 김성은 · 그림 이경석

한솔수북

4 나이와 숫자를 말할 때

6 나이를 말해요 ...... **열 살, 스무 살, 서른 살**

8 어떤 나이는 특별하게 불러요 ...... **첫돌, 환갑, 칠순**

10 물건마다 세는 말이 달라요 ...... **모, 포기, 켤레**

12 수를 어림잡아 말해요 ...... **너덧, 대여섯, 예닐곱**

14 날짜와 시간을 말할 때

16 어떤 달은 특별하게 불러요 ...... **정월, 동짓달, 섣달**

18 날짜를 말해요 ...... **하루, 이틀, 사흘**

20 순서에 따라 '해'를 부르는 말이 달라요 ...... **묵은해, 새해**

22 순서에 따라 '날짜'를 부르는 말이 달라요 ...... **어제, 오늘, 내일**

24 때를 나타내는 말

26 '한'은 어떤 일이 활발하게 일어나는 것을 말해요 ...... **한낮, 한밤중**

28 '철'은 계절이나 기간을 말해요 ...... **여름철, 장마철**

29 '나절'은 하루 중 어느 시간 동안을 말해요 ...... **한나절, 반나절**

30 '초'는 처음이라는 말이에요 ...... **초저녁, 초봄**

31 '늦'은 늦다는 말이에요 ...... **늦가을, 늦더위**

34 우리말 가족 퀴즈!

37 알면 알수록 재미난 우리말

• 초등 1~2학년군 교과 과정
• 수학❶ 1. 9까지의 수 • 수학❶ 5. 50까지의 수 • 국어❸-가 6. 알기 쉽게 차례대로

나이를 말해요

아빠 생일 케이크를 사요.

나이를 말할 때는 이렇게 말하는 것보다

우리말로 하면 더 좋아요.

더 알아볼까요?

여기에 '하나, 둘, 셋…… 아홉'을 붙여서
나이를 말하면 되지요.

어떤 나이는 특별하게 불러요

오늘은 좋은 날, 가족이 모두 모였어요.

어떤 날이나 생일에는 특별한 이름이 있어요.

아기가 태어나서 100일이 되면 **백일**

1년이 되면 **첫돌**

또 어떤 나이는 특별하게 불러요.

| 예순한 살은
환갑 | 일흔 살은
칠순 | 여든 살은
팔순 | 아흔 살은
구순 | 아흔아홉 살은
백수 |

그래서 특별한 축하 잔치를 열기도 하지요.

이모, 윤호의 **첫돌**을 축하해요.

물건마다 세는 말이 달라요

엄마 심부름을 왔어요.

이렇게 말하면 얼만큼 사려는 건지 제대로 알 수 없어요.
세는 말을 사용해야 정확하지요.

물건마다 세는 말이 다르기도 해요.

양말처럼 짝이 되는 두 개는
한 켤레, 두 켤레

고등어 두 마리를 모아 놓은 것은
한 손, 두 손

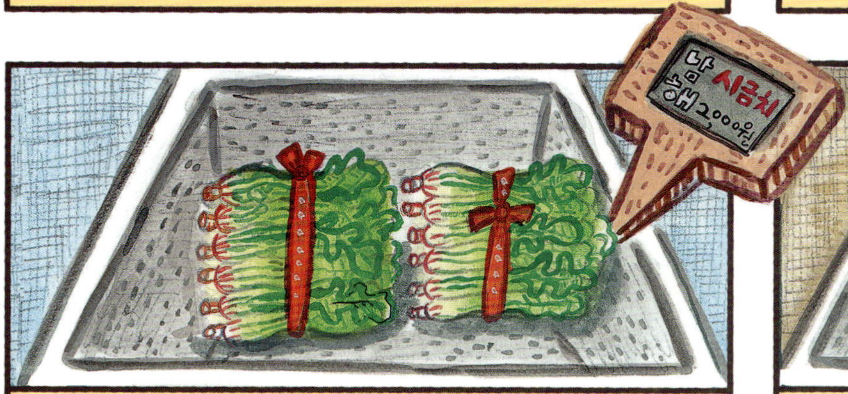

시금치처럼 묶어 놓은 것은
한 단, 두 단

양파처럼 주머니에 담긴 것은
한 자루, 두 자루

참! 식당에서 국수를 더 먹고 싶을 때는 이렇게 말해 보세요.

여기, 국수 한 사리 더 주세요!

수를 어림잡아 말해요

숫자를 정확히 말해야 될 때도 있어요.

하지만 꼭 그렇지 않기도 해요.
개수를 묶어서 어림잡아 말하는 게 편할 때도 있어요.

또 둘이나 셋을 묶어서 두세 개, 셋이나 넷을 묶어서 서너 개, 다 묶어서 두서너 개라고도 하지요.

어떤 달은 특별하게 불러요

할머니가 옛이야기를 들려주어요.

옛날 옛날 하늘 나라에 야광귀신이 살았는데, 섣달그믐 밤이 되자 땅으로 내려왔대.

신발을 훔치려고 어느 집으로 들어가는데 집 앞에 구멍이 숭숭 난 체가 걸려 있지 뭐야!

수 세기를 좋아하는 야광귀신은 체의 구멍을 하나, 둘씩 세다가,

그만, 날이 밝는 바람에 허탕치고 하늘 나라로 돌아갔단다.

우하하, 엉뚱한 야광귀신이네! 그런데 섣달그믐이 언제예요?

달력을 보면 1월부터 12월까지, 일 년 열두 달이 순서대로 나와요.
달력에 큰 글씨로 써 있는 숫자는 **양력**이에요.
해가 뜨고 지는 것을 기준으로 정한 날짜예요.

큰 글씨 밑에 작은 글씨로 써 있는 숫자는 **음력**이에요.
달이 뜨고 지는 것을 기준으로 정한 날짜이지요.

그런데 음력으로 어떤 달에는 특별한 이름이 있어요.

1월은 정월

11월은 동짓달

12월은 섣달

날짜를 말해요

한 달이 어떤 날로 이루어졌는지 말해 보아요.

음력은 한 달에 29일이나 30일까지 있어요. 언제까지 있든, 마지막 날이 그믐이에요.

하루, 이틀, 사흘, 나흘! 줄줄이 잘도 말하지?

섣달은 음력 12월이고

그믐은 마지막 날이니까

섣달그믐은 음력으로 12월 마지막 날이구나!

더 알아볼까요?

| 정월 초하루는 설날, **음력 1월 1일**  | 정월 대보름은 **음력 1월 15일**  | 팔월 보름은 추석, **음력 8월 15일**  |

새해 복 많이 받으세요!

달님께 소원을 빌어야지.

송편이 맛있겠는걸.

참! 하루부터 열흘까지는 '초'를 붙이기도 해요. 초하루, 초이틀…… 초열흘. 이렇게!

순서에 따라 '해'를 부르는 말이 달라요

설날 아침이에요.

묵은해는 지나간 해이고,
새해는 새로 시작하는 해를 말해요.

시간 순서에 따라 '해'를 이렇게 말할 수 있어요.

지난해	올해	이듬해
지난해 설날에는 헐렁했던 한복이	올해는 꼭 맞아요.	이듬해에는 작아져서 못 입겠죠?

'해'를 뜻하는 다른 표현도 있지요.

작년에는 일곱 살이었는데

금년에는 여덟 살이 되었어요.

내년에는 아홉 살이 된답니다.

순서에 따라 '날짜'를 부르는 말이 달라요

지나간 날짜를 말할 때,

이렇게 말하면 정확히 언제인지 몰라서 도와주기 힘들어요.
시간 순서에 따라 지나간 날짜를 부르는 말이 있어요.

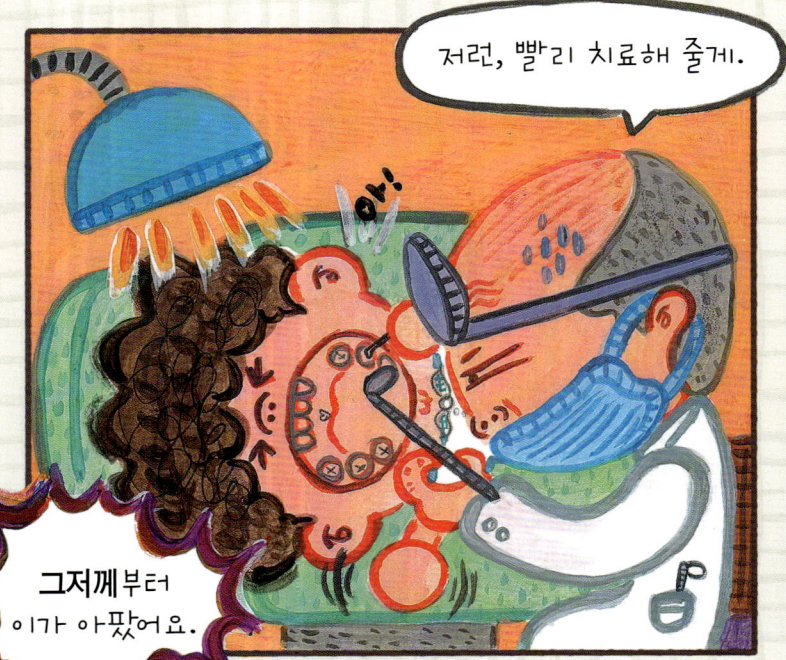

오늘의 하루 전은 어제, 이틀 전은 그저께, 사흘 전은 그끄저께!

다가올 날짜를 말할 때,

이렇게 말하면 정확히 언제인지 몰라서 준비하기 힘들어요.
시간 순서에 따라 다가올 날짜를 부르는 말이 있어요.

오늘의 하루 뒤는 내일, 이틀 뒤는 모레, 사흘 뒤는 글피, 나흘 뒤는 그글피!

오늘을 중심으로 순서에 따라 날짜를 불러 보아요.

3일	4일	5일	6일	7일	8일	9일	10일
그끄저께	그저께	어제	오늘	내일	모레	글피	그글피

'한'은 어떤 일이 활발하게 일어나는 것을 말해요

한낮에는 아무리 기다려도 오지 않아요.

저녁 내내 기다려도,

졸음을 참으며 기다려도 소용없어요.

산타 할아버지는 모두가 잠든 **한밤중**에 몰래 선물을 두고 간답니다.

한낮은 낮의 한가운데를 말하고, 한밤중은 깊은 밤을 말해요.

계절에도 '한'을 붙이면

더위가 한창인 때는
한여름

추위가 한창인 때는
한겨울

한창은 어떤 일이 가장 기운차게 일어나는 때를 말해요.

가을 들판에 나가 보았나요?
하늘에는 고추잠자리가 한창이랍니다.

'철'은 계절이나 기간을 말해요

아무리 좋아하는 옷이라도

여름철에 이런 옷을 입거나

겨울철에 이런 옷을 입으면

너무 춥거나 너무 덥고, 또 보기에도 우스꽝스럽겠죠.
옷은 철에 맞게 입어야 해요. '철'은 계절을 뜻하는 말이에요.

또 일 년 중에는 여러 가지 철이 있어요. 어떤 일이 벌어지는 기간을 말해요.

비가 자주 오고 축축한
장마철

일을 쉬고 여행을 떠나는
휴가철

나뭇잎이 알록달록 물드는
단풍철

'나절'은 하루 중 어느 시간 동안을 말해요

한나절은 해가 떠 있는 하루 낮 동안을 말해요.

반나절은 한나절의 절반이지요.

또 아침을 먹고 나서 점심 때까지는 아침나절,
점심 때의 앞뒤 시간은 점심나절이라고 해요.
그러면 저녁나절은 언제인지 알겠지요?

'초'는 처음이라는 말이에요

밤하늘에 반짝반짝 빛나는 별은 금성이에요. 초저녁에 잠깐 떴다가 사라지지요.

초저녁이 되니, 조금씩 어두워지네!

초저녁은 저녁이 시작되는 때를 말해요. '초'는 처음이라는 뜻이지요. 또 이런 말도 있어요.

봄이 시작되는 **초봄**	겨울이 시작되는 **초겨울**
개나리꽃 봉오리가 맺혔네.	더 추워지기 전에 외투를 꺼내야겠어.

'늦'은 늦다는 말이에요

늦가을이 되자
제비들이 줄을 지어
따뜻한 남쪽으로 날아가요.

늦가을이 되니 가는구나.
내년에 보자!

늦가을은 가을이 끝나 가는 때를 말해요. '늦'은 늦다는 뜻이지요.
다른 말도 알아볼까요?

| 여름이 다 가도록 가시지 않는 **늦더위**  | 아침 늦게까지 자는 **늦잠** 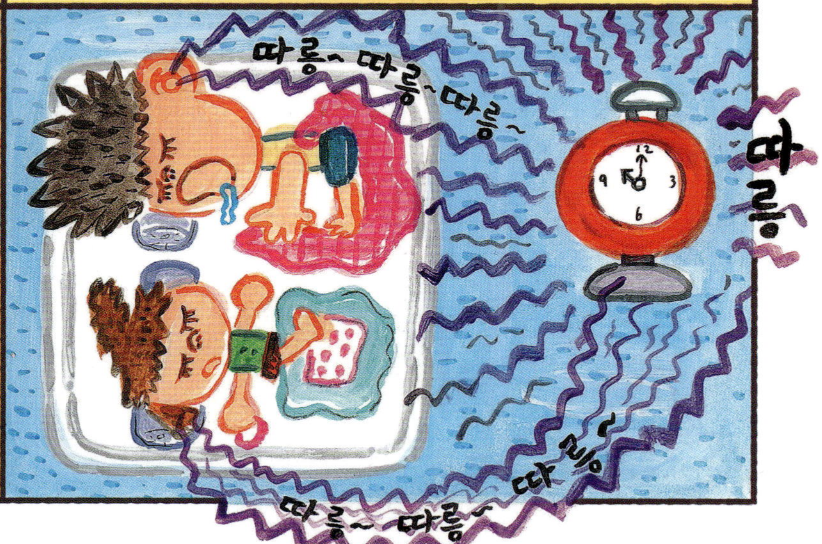 |

 가족의 나이를 우리말로 말해 보세요.

 며칠인지, 날짜를 말해 보세요.

일	월	화	수	목	금	토

1) 어제는 23일, 내일은 25일이에요.
   오늘은 며칠일까요?

2) 어제는 12일, 그저께는 11일이에요.
   그끄저께는 며칠일까요?

3) 오늘은 3일, 내일은 4일이에요.
   모레는 며칠일까요?

 가족의 생일은 음력 몇 월 며칠일까요?

섣달 열흘   동짓달 열하루   정월 초이틀

 빈 곳에 들어갈 세는 말은 무엇일까요?

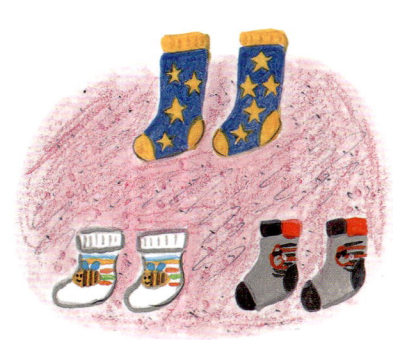

양말 두세 _____가
가지런히 놓여 있어요.

강아지 대여섯 _____가
놀고 있어요.

꽃병에 꽃 예닐곱 _____가
꽂혀 있어요.

 배추가 말하는 '이때'는 언제일까요?
알맞은 때를 골라 보세요.

나는 정말 맛있는 배추예요.
나는 '이때'만 되면 인기가 더욱 좋아요.
집집마다 나를 사서 잔뜩 쌓아 두거든요.
겨울이 막 시작될 때 김장을 담가서
겨울 내내 맛있게 먹으려는 거지요.

김치 최고!

무도 참 맛있어!

김장 담그는 날

초겨울　　　한겨울　　　늦겨울

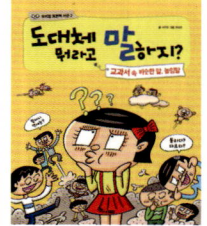

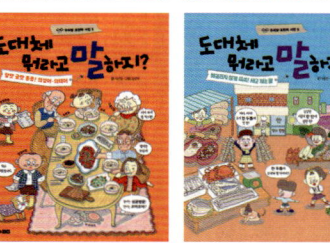

우리말 표현력 사전

도대체 뭐라고 말하지?

우리말 표현력 사전 1 우리말의 숫자와 시간
우리말 표현력 사전 2 교과서 속 비슷한 말, 높임말
우리말 표현력 사전 3 알쏭달쏭 관용 표현
우리말 표현력 사전 4 일기 쓸 때 자꾸 틀리는 맞춤법
우리말 표현력 사전 5 말맛 글맛 퐁퐁! 의성어·의태어
우리말 표현력 사전 6 헷갈리지 않게 쏙쏙! 세고 재는 말